Tá Cearta ag Leanaí Freisin!

Údar: Menaka Raman
Maisitheoir: Sunando C
Aistritheoir: Gabriel Rosenstock

Foilsithe ar dtús ag Storyweaver, Deilí Nua, An India, faoi cheadúnas Creative Commons.
(First published by Storyweaver, New Delhi, under a Creative Commons license)
An t-eagrán Gaeilge seo féinfhoilsithe i gcomhar le Storyweaver ag an traschruthaitheoir, Gabriel Rosenstock, 2025.
Ar fáil ó shiopaí leabhar ar líne ar fud na cruinne.
(This Irish-language edition self-published by the transcreator Gabriel Rosenstock, 2025.
Available from international book suppliers online).
Leagan amach: Mandy Marcus
Layout by: Mandy Marcus

TIOMNAITHE DO KNEECAP AGUS DÁ bhFEACHTAS AR SON CHEARTA DAONNA AGUS AR SON NA GAEILGE

Dedicated to KNEECAP and their campaign for human rights and the Irish language

Cearta domsa, cearta duitse, a chroí,

Cearta do gach leanbh sa tír!

Tá neart sa cheart

Déanfaimid an beart!

Cearta duitse, cearta domsa, a chroí

Cearta do gach leanbh sa tír!

Cearta cearta cearta go deo!

Tá sé de cheart ag gach páiste

a bheith beo!

(Shínigh Éire **Coinbhinsiún na Náisiún Aontaithe um Chearta an Linbh** sa bhliain 1990).

Spraoi? Spraoi!

Ceart de chearta leanaí

is ea spraoi!

Spraoi, spraoi amuigh faoin spéir!

Tá sé DE CHEART AGAM
bualadh le mo chairde go léir!

Tá trua agam do na leanaí bochta
nach bhfuil cead acu a dtuairimí a
nochtadh!

Nocht do thuairim gan náire gan scáth
Mar is é do cheart é, sin an fáth!

An bhfeiceann tú an ciorcal gorm?
Tá bolgán cosanta timpeall orm!

Bíodh meas agat ar mo bholgán
Tá sé an-simplí, dubh is bán!

Tá ciorcal gorm
Mar chosaint orm!

Tá cearta teanga agam,
cearta cultúir,

Tá sé de cheart agam labhairt
agus mé féin a chur in iúl.

Ní bheidh mise i mo sclábhaí pá
Táimse ró-óg, sin an fáth.

Tá sé de cheart agamsa a bheith saor
Nílimse im' dhaor, nílimse im' dhaor!

An bhfuil cearta speisialta ag páistí speisialta - TÁ!

Tugtar gach áis dóibh de réir mar is gá.

NÍL ANN ACH AN CEART!

Conas? Cathain? Cén fáth?

Tá sé de cheart agam EOLAS a fháil.

NÍL ANN ACH AN CEART!

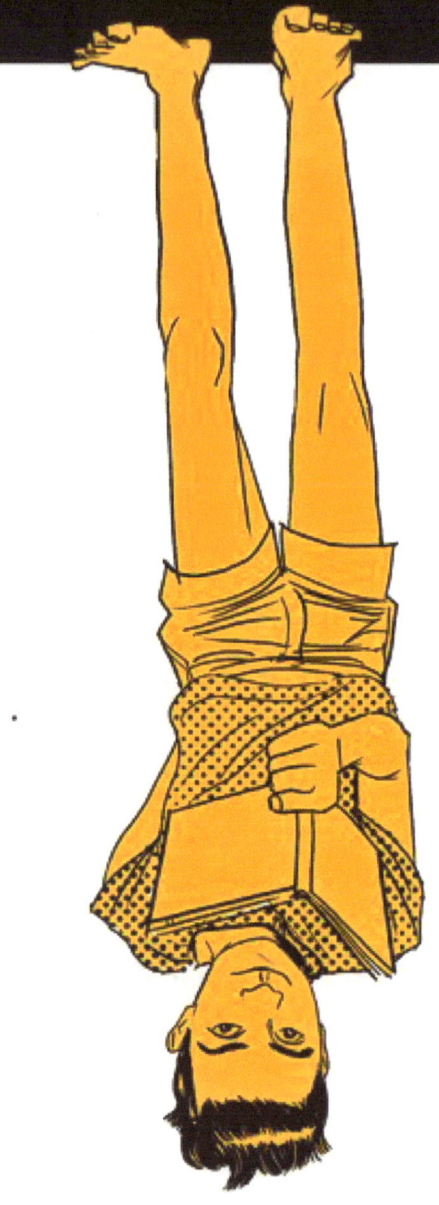

Cúpla pointe faoi Choinbhinsiún na Náisiún Aontaithe um Chearta Leanaí

1 Baineann na cearta seo le gach éinne faoi 18.

2 Tá na cearta seo ag gach páiste, is cuma cé hiad; cá bhfuil cónaí orthu; cén cúlra atá acu (mar shampla duine den Lucht Siúil); cén teanga a labhraíonn siad; mar shampla, Gaeilge, Araibis, Eabhrais etc;cén creideamh atá acu; cailíní agus buachaillí (agus leanaí nach bhfuil a n-aigne déanta suas faoi sin); is cuma cén cultúr lena mbaineann siad; má tá míchumas orthu; saibhir nó daibhir. Ní mór do gach tír caitheamh go cothrom le gach páiste ar domhan.

3 Ba chóir do gach duine fásta a dhícheall a dhéanamh ar do shon.

4 Is é dualgas an rialtais é do chearta a chosaint.

5 Is é dualgas an teaghlaigh é cabhrú leat chun eolas a chur ar na cearta seo agus chun do chearta a chosaint.

6 Is beo duit agus is é do cheart é.

7 Tá sé de cheart agat ainm a bheith ort agus eolas a chur ar do chearta mar shaoránach Éireannach, mar Eorpach, agus mar dhuine.

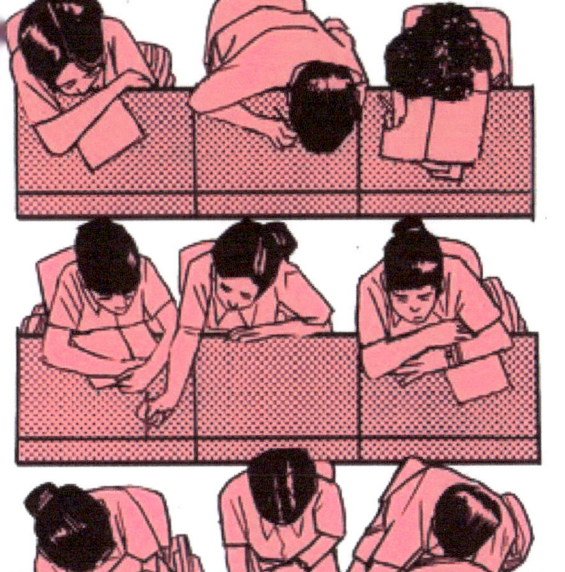

8 Tá sé de cheart agat náisiúntacht a bheith agat.

9 Tá sé de cheart agat d'fhéiniúlact féin a bheith agat agus taifead oifigiúil a bheith ann mar gheall ort féin.

10 Tá sé de cheart agat cónaí le do thuismitheoir(í) ach amháin más chun d'aimhleasa é. Tá sé de cheart agat cónaí le teaghlach a thugann aire mhaith duit.

11 Má tá cónaí ortsa i dtír éagsúil, tá sé de cheart agat cónaí sa tír chéanna le do thuismitheoir(í).

12 Tá sé de cheart agat cosaint a fháil in aghaidh fuadaigh.

13 Tá sé de cheart agat do thuairim a nochtadh agus ba chóir do dhaoine fásta éisteacht leat go tuisceanach.

14 Tá sé de cheart agat eolas a fháil mar gheall ar chúrsaí agus do thuairimí a roinnt le daoine eile, ach amháin má dhéanann sé sin dochar do dhaoine eile, nó iad a mhaslú.

15 Tá sé de cheart agat do chreideamh agus do thuairimí féin a bheith agat.

16 Tá sé de cheart agat do chairde féin a roghnú agus a bheith i do bhall de ghrúpa ar bith, nó grúpa ar bith a bhunú, fad is nach ndéanann sé dochar do dhaoine eile.

17 Tá ceart chun príobháideachta agat.

18 Tá sé de cheart agat teacht ar eolas a bhaineann le do shláinte.

19 Tá sé de cheart agat go dtógfaí ag do thuismitheoir(í) thú, más féidir.

20 Tá sé de cheart agat cosaint a fháil in aghaidh drochíde do do cholainn nó do d'aigne.

21 Tá sé de cheart agat cúram ar leith a fháil munar féidir leat maireachtáil le do thuismitheoir(í).

22 Más duine uchtaithe thú nó faoi chúram altrama, tá sé de cheart agat cúram agus cosaint a fháil.

23 Tá sé de cheart agat cosaint agus cúnamh ar leith a fháil más teifeach thú.

24 Má tá míchumas ort, tá sé de cheart agat oideachas agus cúram ar leith a fháil, chun go mbeadh saol iomlán agat.

25 Tá sé de cheart agat dea-chúram sláinte a fháil, uisce a ól atá sábháilte, bia a ithe atá cothaitheach, maireachtáil i dtimpeallacht atá glan agus sábháilte, agus eolas a fháil a chabhródh leat a bheith folláin.

26 Má tá tú in ionad cúraim tamall ón mbaile, tá sé de cheart agat go ndéanfaí cigireacht rialta ar na cúinsí maireachtála ann, le deimhniú gurb iad is oiriúnaí duit.

27 Tá sé de cheart agat cúnamh a fháil ón rialtas má tá tú bocht nó i ngátar.

28 Tá sé de cheart agat bia, éadach, áit shábháilte mar ionad cónaithe a bheith agat agus tá sé de cheart agat go bhfreastalófaí ar do bhunriachtanais.

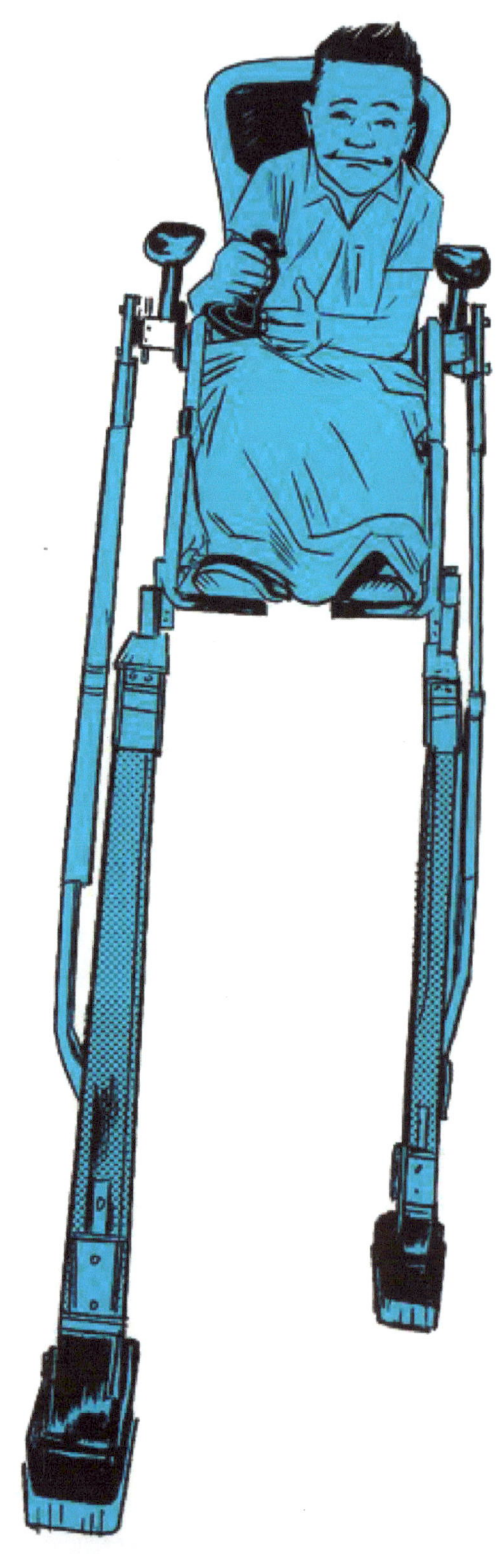

29 Tá sé de cheart agat oideachas maith a fháil. Ba cheart go spreagfaí thú chun an leibhéal a oireann duit a bhaint amach.

30 Ba chóir go bhfaighfeá oideachas inspioráideach i dtreo is go ndéanfá forbairt ar na buanna atá agat. Ba chóir go spreagfaí thú chun maireachtáil go suaimhneach séimh, meas a bheith agat ar an timpeallacht agus ar an oidhreacht chultúrtha, agus meas a bheith agat ar dhaoine eile.

31 Tá sé de cheart agat leas a bhaint as pé cultúr, teanga agus creideamh is mian leat. (Níl sé de cheart ag éinne, mar shampla, an Ghaeilge a mhaslú, ná creideamh éigin a mhaslú, Ioslam, mar shampla, nó an Chríostaíocht).

32 Tá sé de cheart agat spraoi a dhéanamh agus scíth a ghlacadh.

33 Tá sé de cheart agat cosaint a fháil ar obair a dhéanann dochar duit, nó a chuireann isteach ar do shláinte nó ar d'oideachas. Má tá tú ag obair, tá sé de cheart agat a bheith sábháilte agus pá maith a fháil.

34 Tá sé de cheart agat cosaint a fháil in aghaidh drugaí agus mí-úsáid gnéis.

36 Tá sé de cheart agat cosaint a fháil ar dhaoine a bheadh ag iarraidh teacht i dtír ort.

37 Tá sé de cheart agat cosaint a fháil ar phionós cruálach nó dochrach.

38 Tá sé de cheart agat cosaint a fháil in aghaidh cogaidh. Ní féidir brú a chur ar pháistí faoi bhun 15 liostáil san arm, nó páirt a ghlacadh i gcogadh.

39 Tá sé de cheart agat cabhair agus cúnamh a fháil má gortaíodh thú, nó má tugadh drochíde duit.

40 Tá sé de cheart agat cúnamh dlí a fháil agus ní mór don chóras dlí seasamh ar son chearta an linbh.

41 Má chuireann dlíthe do thíre féin cosaint níos fearr ar fáil ná airteagail an Choinbhinsiúin seo, is iad dlíthe do thíre féin a bheidh i bhfeidhm.

42 NÍL ANN ACH AN CEART!

Leabhair eile leis an údar-aistritheoir céanna a thaitneoidh libh, seans
Other books by the same author-translator which you might enjoy

Ní Chreidfeá É Seo Ach . . .
(ISBN: 9781068540882)
Dalta Gaelscoile. É beagáinín suaite. Is mian leis a bheith ina scríbhneoir Gaeilge!
A slightly troubled boy in a Gaelscoil wants to be an Irish-language writer!

Máirseáil ar Son na Saoirse
(ISBN: 9781068540851)
'*Gandhi's historic march to Dandi in 1930. A fascinating snapshot of Indian history.*'
—Éilís Ní Dhuibhne,
    The Irish Times

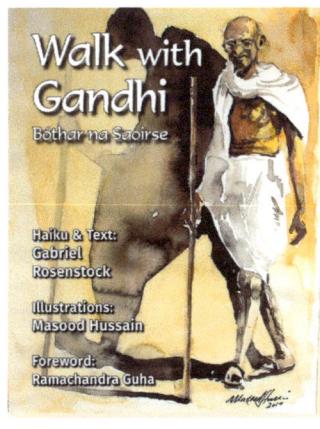

Walk with Gandhi
(FREE KIDS BOOKS.ORG)
Saol an Anama Mhóir ('Mahatma')
Thousands have uploaded this PDF from a Free Books site.
The life and times of the apostle of Civil Disobedience who peacefully drove the British out of India, magically illustrated by Kashmiri artist Masood Hussain.

Popocatépetl
(ISBN: 9780893044497)
Haiku don aos óg.
Bilingual haiku for readers 8-12+ with a gallery of outstanding artwork.

ANAND
(ISBN: 9781068540844)
Bailitheoir bruscair i Mumbai é Anand. Ghealfadh sé do chroí!
Anand is a good-humoured garbage collector in Bombay.

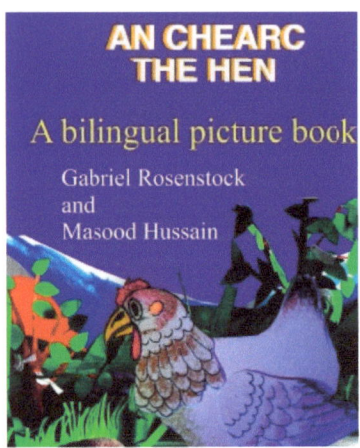

The Hen / An Chearc
(ISBN: 9781447895992)
Cearc bhocht a chuaigh ar strae
Hardback, bilingual picture book, illustrated by the inimitable Masood Hussain.
All about a stray hen!

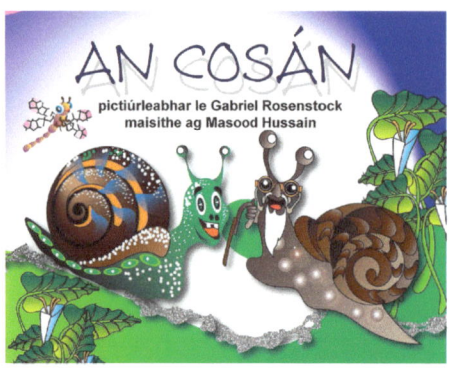

An Cosán
(ISBN: 9780893046170)
There are life lessons to be learned by a snail who follows a mysterious path.
English language version below. Delightfully illustrated by Kashmiri master, Masood Hussain.

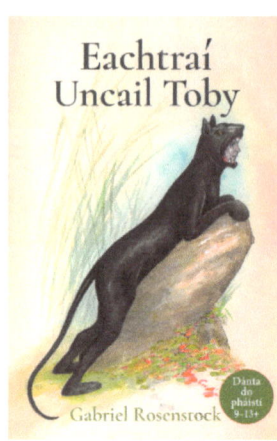

Eachtraí Uncail Toby
(ISBN: ISBN 978190698288)
Dánta neamhghnácha don aos óg.
Irish-language poems for children 8-12+

Loneliness
(ISBN: 9781068540806)
Haiku do chailíní agus do bhuachaillí 8-12 agus gailearaí gleoite d'ealaín idirnáisiúnta.
Bilingual haiku for girls and boys 8-12+ with an international gallery of outstanding artwork.

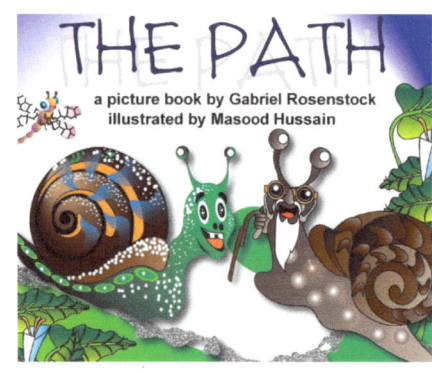

The Path
(ISBN: 9780893048556)
English-language version of the above

Bláth Draíochta
(ISBN: 9781739561000)
Dánta don aos óg.
Popular Irish-language poems for children 8-12+

Iontas na nIontas
(ISBN: ISBN 9781906982812)
Haiku in Irish with an English gloss in response to Christian iconography.
Suitable for teens.

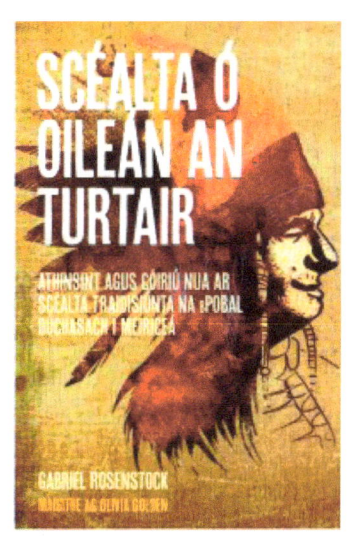

Scéalta ó Oileán an Turtair
(ISBN: ISBN 978-1-899922-91-8)
Scéalta iontacha a bhaineann leis na Meirindiaigh.
Fantastic Native American tales retold in Irish.

Mamaí Gé
(ISBN: ISBN 978-1-914482-04-5)
The world-famous Mother Goose Rhymes in a bilingual edition, gorgeously illustrated by Kim Sharkey.

An tOmbudsman do Leanaí

CEARTA

Cuireann Oifig an Ombudsman do Leanaí (OOL) cearta agus leas leanaí agus daoine óga faoi 18 mbliana d'aois chun cinn, is é sin le rá daoine óga a chónaíonn in Éirinn. Imscrúdaíonn sé gearáin a rinne leanaí, nó a rinneadh thar ceann leanaí, faoi sheirbhísí a fhaigheann siad ó eagraíochtaí poiblí in Éirinn, ina measc scoileanna, údaráis áitiúla, FSS, nó Tusla. Oifig reachtúil é an tOmbudsman do Leanaí a bunaíodh faoin Acht um Ombudsman do Leanaí, 2022.

Conas a chuireann OOL cearta agus leas leanaí chun cinn?

Tugann OOL saincheisteanna chun solais a bhaineann le leanaí, agus déanann sé monatóireacht agus athbhreithniú ar an reachtaíocht, beartais Rialtais, agus conas a dhéanann siad difear do leanaí. Cuireann OOL comhairle ar an Rialtas, agus ar eagraíochtaí eile a sholáthraíonn seirbhísí thar ceann an Rialtais, chun cabhrú lena chinntiú go léiríonn dlíthe agus beartais **meas ar chearta leanaí.**

SPREAGADH

Spreagann agus tacaíonn Oifig an Ombudsman freisin leis an aos óg le heolas a aimsiú faoina gcearta.

Gearán a dhéanamh

Tá seirbhís gearán OOL saor in aisce agus neamhspleách. Sula ndéanann tú gearán, caithfidh tú teagmháil a dhéanamh leis an eagraíocht go díreach agus tabhairt faoin nós imeachta chun gearáin a dhéanamh. Fan go mbeidh cinneadh déanta acu faoi do ghearán, le do thoil!

https://www.oco.ie/ga/home

Má tá ceist agat a bhaineann le cearta leanaí in Éirinn, is féidir teagmháil a dhéanamh le hOifig an Omudsman do Leanaí.

Teagmháil: ombudsmandoleanai@oco.ie

www.ingramcontent.com/pod-product-compliance
Lightning Source LLC
Chambersburg PA
CBHW041155070526
44584CB00004B/313